The Boy Who Couldn't Sleep: And Other Bilingual Portuguese-English Stories for Kids

Pomme Bilingual

Published by Pomme Bilingual, 2024.

While every precaution has been taken in the preparation of this book, the publisher assumes no responsibility for errors or omissions, or for damages resulting from the use of the information contained herein.

THE BOY WHO COULDN'T SLEEP: AND OTHER BILINGUAL PORTUGUESE-ENGLISH STORIES FOR KIDS

First edition. October 16, 2024.

Copyright © 2024 Pomme Bilingual.

ISBN: 979-8227733047

Written by Pomme Bilingual.

Table of Contents

A Lata de Sardinha Mágica

Era um dia como qualquer outro na escola, e João estava animado para comer o almoço que sua mãe havia preparado. Quando ele abriu a lancheira, encontrou uma lata de sardinha prateada. "Que estranho", pensou ele. Sua mãe nunca mandava sardinhas para o almoço. Mas, curioso, decidiu abrir a lata.

Assim que a tampa se abriu, um vento forte soprou, e de dentro da lata surgiu uma criatura que João jamais tinha visto. Era uma pequena tartaruga com asas douradas e olhos brilhantes como estrelas. A tartaruga voou ao redor de João, sussurrando palavras numa língua que ele não entendia.

"Mas o que está acontecendo?" perguntou João, enquanto a tartaruga desaparecia no ar. Ele olhou novamente para a lata, que agora brilhava com uma luz mágica. Tentando entender, ele decidiu fechá-la. No entanto, quando tentou, a lata resistiu, parecendo querer ficar aberta.

No dia seguinte, João levou a lata para a escola de novo. Estava determinado a entender o mistério. Quando abriu a lata na hora do recreio, desta vez saiu uma criatura diferente: um pequeno dragão, com escamas de um verde brilhante e chamas azuis saindo de suas narinas. O dragão soltou um rugido que ecoou pelo pátio da escola, e de repente, o céu ficou escuro, como se uma tempestade estivesse prestes a começar.

"Você precisa resolver o enigma, João", disse uma voz misteriosa que parecia vir de dentro da lata. "Somente assim o portal se fechará."

"Que enigma?" perguntou João, surpreso e assustado.

Uma folha de papel surgiu flutuando da lata, e nele estava escrito:

"Em uma sala sem portas, o que é que enche, mas nunca se move? Resolva antes que o caos prevaleça!"

João pensou rápido. Uma sala sem portas? Algo que enche, mas nunca se move? Ele olhou para o céu escuro e para o dragão que agora estava ficando impaciente. "Ar!" ele gritou. "É o ar!"

Assim que as palavras saíram de sua boca, o céu clareou e o dragão desapareceu em uma nuvem de fumaça. A lata se fechou sozinha, deixando apenas um pequeno brilho prateado ao seu redor.

João suspirou de alívio. Ele tinha conseguido fechar o portal. Mas sabia que aquela lata de sardinha mágica traria mais desafios no futuro. A aventura apenas começara.

The Magical Sardine Can

It was a day like any other at school, and João was excited to eat the lunch his mother had packed. When he opened his lunchbox, he found a silver sardine can. "How strange," he thought. His mother never packed sardines for lunch. But curious, he decided to open the can.

As soon as the lid popped open, a strong wind blew, and from inside the can came a creature João had never seen before. It was a tiny turtle with golden wings and eyes that sparkled like stars. The turtle flew around João, whispering words in a language he didn't understand.

"What is happening?" João asked as the turtle vanished into thin air. He looked at the can again, which was now glowing with a magical light. Trying to make sense of it, he decided to close it. However, when he tried, the can resisted, as if it wanted to stay open.

The next day, João took the can to school again. He was determined to solve the mystery. When he opened the can at recess, this time a different creature emerged: a small dragon, with bright green scales and blue flames shooting from its nostrils. The dragon let out a roar that echoed across the schoolyard, and suddenly, the sky darkened, as if a storm was about to begin.

"You must solve the riddle, João," said a mysterious voice that seemed to come from inside the can. "Only then will the portal close."

"What riddle?" João asked, both surprised and scared.

A sheet of paper floated out of the can, and written on it were the words:

"In a room with no doors, what fills up but never moves? Solve it before chaos takes over!"

João thought fast. A room with no doors? Something that fills but never moves? He looked at the dark sky and at the dragon, who was now growing impatient. "Air!" he shouted. "It's air!"

As soon as the words left his mouth, the sky cleared, and the dragon vanished in a puff of smoke. The can closed on its own, leaving only a faint silver glow around it.

João sighed with relief. He had managed to close the portal. But he knew that this magical sardine can would bring more challenges in the future. The adventure had only just begun.

O Guarda-chuva Que Podia Voar

Era um dia chuvoso, e Sofia e Pedro estavam presos dentro de casa, olhando as gotas de chuva baterem contra as janelas. "Estou tão entediada!", reclamou Sofia, enquanto Pedro suspirava. A chuva parecia que nunca ia parar.

De repente, Sofia se lembrou do guarda-chuva antigo da vovó, que estava guardado no sótão. "Vamos lá em cima buscar o guarda-chuva da vovó. Ela sempre dizia que ele tinha poderes especiais!", sugeriu Sofia.

Pedro, curioso, concordou, e os dois subiram as escadas rangendo até o sótão. Lá, no fundo de uma pilha de velharias, encontraram o guarda-chuva velho. Era grande, com um cabo de madeira esculpida e tecido vermelho já desbotado. Mesmo assim, era bonito de uma maneira misteriosa.

Quando abriram o guarda-chuva, um vento forte soprou pela janela aberta do sótão, levantando o guarda-chuva no ar. "Segurem-se!", gritou Sofia, e os dois irmãos se agarraram ao guarda-chuva. Antes que pudessem perceber, estavam flutuando para fora da janela, subindo pelos céus, além das nuvens.

"Acho que o guarda-chuva realmente pode voar!" disse Pedro, os olhos arregalados de surpresa.

O guarda-chuva os levou para dentro de uma densa nuvem, onde encontraram um grupo de criaturas flutuantes, com corpos feitos de vapor e asas de neblina. "Quem são vocês?" perguntou Sofia, fascinada.

"Somos os Névoas, habitantes do céu," disse uma das criaturas, "mas estamos em apuros. Um dos nossos foi levado pela tempestade, e não conseguimos alcançá-lo."

"Podemos ajudar!" ofereceu Pedro, sem hesitar.

Os Névoas explicaram que seu amigo estava preso em uma nuvem negra cheia de raios. Sofia e Pedro, usando o guarda-chuva mágico, voaram em direção à nuvem escura. O vento era forte, e os trovões faziam o guarda-chuva balançar, mas os dois irmãos seguraram firme.

Dentro da nuvem tempestuosa, avistaram a pequena criatura Névoa, girando no meio de raios e relâmpagos. "Ali está ele!" gritou Sofia. Com cuidado, ela e Pedro desceram com o guarda-chuva e conseguiram puxar a criatura para fora, justo a tempo antes de um trovão estrondoso.

Com a criatura salva, os irmãos retornaram para o grupo de Névoas, que os saudaram com grande alegria. "Vocês são heróis!" disseram as criaturas. "Se precisarem de ajuda, nós do céu sempre estaremos por perto."

Sofia e Pedro sorriram, e o guarda-chuva começou a descer lentamente, trazendo-os de volta para casa. Quando pousaram no jardim, a chuva parou, e o sol brilhou entre as nuvens.

"Eu sabia que o guarda-chuva da vovó era especial," disse Sofia, com um sorriso.

The Umbrella That Could Fly

It was a rainy day, and Sofia and Pedro were stuck inside, watching the raindrops beat against the windows. "I'm so bored!" Sofia complained, while Pedro sighed. The rain seemed like it would never stop.

Suddenly, Sofia remembered their grandmother's old umbrella, which was stored in the attic. "Let's go upstairs and get Grandma's umbrella. She always said it had special powers!" Sofia suggested.

Pedro, curious, agreed, and the two of them climbed the creaky stairs to the attic. There, buried in a pile of old things, they found the umbrella. It was large, with a carved wooden handle and faded red fabric. Still, it had a mysterious beauty to it.

When they opened the umbrella, a strong wind blew through the open attic window, lifting the umbrella into the air. "Hold on!" Sofia shouted, and the two siblings grabbed onto the umbrella. Before they knew it, they were floating out of the window, rising up into the sky, beyond the clouds.

"I think the umbrella really can fly!" Pedro said, his eyes wide with surprise.

The umbrella took them into a thick cloud, where they met a group of floating creatures, with bodies made of mist and wings of fog. "Who are you?" Sofia asked, fascinated.

"We are the Nébula, dwellers of the sky," said one of the creatures, "but we are in trouble. One of us has been swept away by the storm, and we can't reach him."

"We can help!" Pedro offered without hesitation.

The Nébula explained that their friend was trapped inside a dark cloud filled with lightning. Sofia and Pedro, using the magical umbrella, flew toward the storm cloud. The wind was fierce, and the thunder made the umbrella shake, but the two siblings held on tight.

Inside the stormy cloud, they spotted the little Nébula creature, spinning among flashes of lightning. "There he is!" Sofia shouted. Carefully, she and Pedro descended with the umbrella and managed to pull the creature out just in time, before a loud crack of thunder.

With the creature saved, the siblings returned to the group of Nébula, who greeted them with great joy. "You are heroes!" the creatures said. "If you ever need help, we of the sky will always be near."

Sofia and Pedro smiled, and the umbrella began to descend slowly, bringing them back home. As they landed in the garden, the rain stopped, and the sun peeked through the clouds.

"I knew Grandma's umbrella was special," Sofia said with a smile.

Os Sapatos Traquinas

Era uma tarde ensolarada quando Clara entrou na loja de sapatos com sua mãe. Estava ansiosa para comprar um novo par de sapatos para a escola. Enquanto olhava as prateleiras, algo chamou sua atenção: um par de sapatos vermelhos brilhantes, com pequenos laços dourados. Eles pareciam perfeitos!

"Posso experimentar esses?" Clara perguntou ao vendedor, apontando para os sapatos reluzentes.

O vendedor, com um sorriso um pouco estranho no rosto, disse: "São sapatos especiais. Você tem certeza de que quer experimentá-los?"

Clara acenou com a cabeça, empolgada. Ela os calçou e, imediatamente, os sapatos se ajustaram perfeitamente aos seus pés. "Eles são incríveis!" ela exclamou, dando alguns passos pela loja.

Mas, assim que saiu da loja com os sapatos novos, algo estranho aconteceu. Seus pés começaram a se mover sozinhos. Primeiro, ela deu um pulo. Depois, um pequeno salto para o lado. E, de repente, estava fazendo uma dança maluca pela calçada!

"Clara, o que está acontecendo?" gritou sua mãe, tentando segui-la.

"Eu não sei! Os sapatos estão se movendo sozinhos!" respondeu Clara, tentando, sem sucesso, controlar seus pés.

No caminho para casa, Clara tropeçou em pedras, saltou por cima de poças e até fez piruetas no ar. Parecia que os sapatos tinham vida própria e estavam determinados a fazer tudo ao contrário do que ela queria.

No dia seguinte, na escola, foi ainda pior. Durante a aula de matemática, seus sapatos começaram a fazer Clara pular da cadeira, batendo palmas como se estivesse em uma festa. Todos os colegas começaram a rir, mas Clara estava desesperada. Não conseguia controlar seus pés!

Ela precisava encontrar uma solução. Depois da escola, Clara foi direto para a biblioteca e começou a pesquisar sobre sapatos mágicos. Em um velho livro de contos, encontrou algo interessante: "Para domar sapatos traquinas, é preciso enganá-los com inteligência."

"Enganar os sapatos?" Clara pensou. "Como faço isso?"

Então, uma ideia surgiu em sua mente. Ela decidiu fingir que adorava os movimentos descontrolados dos sapatos. No dia seguinte, quando os sapatos começaram a fazê-la saltar e girar, Clara riu e disse em voz alta: "Eu adoro isso! Vamos saltar ainda mais alto! Vamos dançar o dia todo!"

Os sapatos, confusos, começaram a diminuir os movimentos. Eles não estavam mais no controle. Clara continuou fingindo, fazendo parecer que estava se divertindo, até que, finalmente, os sapatos pararam de se mover.

Respirando aliviada, Clara se sentou e tirou os sapatos. "Consegui!" disse ela, sorrindo.

Desde aquele dia, Clara nunca mais usou sapatos vermelhos brilhantes. Ela sabia que, às vezes, o que parece perfeito pode ser mais traquinas do que se imagina.

11

The Mischievous Shoes

It was a sunny afternoon when Clara walked into the shoe store with her mother. She was excited to buy a new pair of shoes for school. As she browsed the shelves, something caught her eye: a pair of shiny red shoes with little golden bows. They looked perfect!

"Can I try those?" Clara asked the shopkeeper, pointing at the gleaming shoes.

The shopkeeper, with a slightly odd smile, said, "They are special shoes. Are you sure you want to try them?"

Clara nodded eagerly. She slipped them on, and immediately, the shoes fit her feet perfectly. "They're amazing!" she exclaimed, taking a few steps around the store.

But as soon as she left the store with her new shoes, something strange happened. Her feet began to move on their own. First, she jumped. Then, a little hop to the side. And suddenly, she was doing a crazy dance down the sidewalk!

"Clara, what's going on?" her mother shouted, trying to keep up.

"I don't know! The shoes are moving by themselves!" Clara responded, struggling to control her feet.

On the way home, Clara tripped over stones, skipped over puddles, and even did somersaults in the air. It seemed like the shoes had a mind of their own and were determined to do everything the opposite of what she wanted.

The next day at school was even worse. During math class, her shoes started making Clara jump out of her chair, clapping her hands like she was at a party. All the other kids started laughing, but Clara was desperate. She couldn't control her feet!

She needed to find a solution. After school, Clara went straight to the library and began researching magical shoes. In an old book of tales, she found something interesting: "To tame mischievous shoes, one must outwit them with cleverness."

"Outwit the shoes?" Clara thought. "How do I do that?"

Then an idea popped into her head. She decided to pretend she loved the wild movements of the shoes. The next day, when the shoes started making her jump and spin, Clara laughed and said out loud, "I love this! Let's jump even higher! Let's dance all day long!"

The shoes, confused, began to slow down. They were no longer in control. Clara kept pretending, making it seem like she was having a blast, until finally, the shoes stopped moving altogether.

Breathing a sigh of relief, Clara sat down and took off the shoes. "I did it!" she said, smiling.

From that day on, Clara never wore shiny red shoes again. She knew that sometimes, what seems perfect can be more mischievous than you think.

A Árvore Sussurrante

Em uma pequena vila cercada por uma densa floresta, vivia uma menina chamada Sofia. Ela adorava explorar a natureza, especialmente a floresta antiga que ficava além dos campos. Todos diziam que aquela floresta era mágica, cheia de mistérios e segredos guardados ao longo dos séculos.

Certo dia, enquanto caminhava pela floresta, Sofia descobriu uma árvore muito diferente das outras. Era alta e antiga, com galhos retorcidos e folhas douradas que pareciam brilhar à luz do sol. Algo sobre aquela árvore chamou sua atenção, como se ela estivesse viva de uma maneira especial. Quando se aproximou, sentiu uma brisa suave passar por seu rosto, e então ouviu um sussurro.

"Quem está aí?" Sofia perguntou, olhando ao redor, mas não havia ninguém. A voz parecia vir da própria árvore.

Aproximando-se ainda mais, Sofia encostou o ouvido no tronco. Para sua surpresa, a árvore começou a sussurrar segredos, contando-lhe coisas que ninguém mais sabia. Ela ficou maravilhada. A árvore falava sobre os problemas das pessoas da vila — coisas que elas escondiam dos outros, seus medos e desejos mais profundos.

Nos dias seguintes, Sofia voltou à árvore várias vezes, sempre ouvindo novos sussurros. E, com essas informações, começou a ajudar as pessoas da vila. Quando alguém estava triste ou em apuros, ela sabia exatamente o que dizer ou fazer para ajudá-los. Logo, Sofia se tornou conhecida como uma menina sábia e todos procuravam seu conselho.

No entanto, algo começou a incomodá-la. Embora ela estivesse ajudando muitas pessoas, percebeu que algumas das coisas que a árvore lhe contava eram muito pessoais, segredos que não deveriam ser revelados. Um dia, a árvore contou a Sofia algo tão delicado que ela não sabia se deveria ajudar ou ficar em silêncio.

"Nem todos os segredos são para ser compartilhados", a árvore sussurrou, como se estivesse advertindo Sofia.

Confusa, Sofia refletiu sobre o que havia aprendido. Ajudar os outros era importante, mas às vezes, saber demais podia ser um fardo. Naquele momento, Sofia decidiu que só ouviria os segredos que fossem realmente necessários para ajudar alguém, sem invadir a privacidade dos outros.

Com o tempo, ela foi menos vezes à árvore, usando a sabedoria que já havia adquirido para fazer o bem sem recorrer a sussurros. E assim, Sofia aprendeu que o verdadeiro poder não estava apenas em saber os segredos dos outros, mas em como escolher usá-los com sabedoria e compaixão.

The Whispering Tree

In a small village surrounded by a dense forest lived a girl named Sofia. She loved exploring nature, especially the ancient forest that lay beyond the fields. Everyone said that the forest was magical, filled with mysteries and secrets guarded for centuries.

One day, while walking through the forest, Sofia discovered a tree very different from the others. It was tall and ancient, with twisted branches and golden leaves that seemed to glow in the sunlight. Something about the tree drew her in, as if it was alive in a special way. When she approached, she felt a soft breeze brush her face, and then she heard a whisper.

"Who's there?" Sofia asked, looking around, but there was no one. The voice seemed to come from the tree itself.

Moving closer, Sofia pressed her ear against the trunk. To her surprise, the tree began to whisper secrets, telling her things no one else knew. She was amazed. The tree spoke of the villagers' troubles — things they hid from others, their deepest fears and desires.

In the days that followed, Sofia returned to the tree many times, always hearing new whispers. With this information, she began helping the people in her village. When someone was sad or in trouble, she knew exactly what to say or do to help them.

Soon, Sofia became known as a wise girl, and everyone sought her advice.

However, something began to bother her. Though she was helping many people, she realized that some of the things the tree told her were very personal, secrets that shouldn't be revealed. One day, the tree told Sofia something so delicate that she didn't know whether to help or stay silent.

"Not all secrets are meant to be shared," the tree whispered, as if warning Sofia.

Confused, Sofia thought about what she had learned. Helping others was important, but sometimes, knowing too much could be a burden. At that moment, Sofia decided she would only listen to secrets that were truly necessary to help someone, without invading others' privacy.

Over time, she visited the tree less often, using the wisdom she had already gained to do good without relying on whispers. And so, Sofia learned that true power wasn't just in knowing others' secrets but in choosing how to use that knowledge with wisdom and compassion.

O Menino Que Não Conseguia Dormir

Havia um menino chamado Lucas que, por mais que tentasse, não conseguia dormir à noite. Ele ficava deitado na cama, olhando para o teto, com os olhos bem abertos. Ouvia o vento soprando lá fora e o som das folhas nas árvores, mas o sono nunca vinha. Ele se sentia cansado, mas sua mente parecia estar sempre desperta, cheia de pensamentos que não paravam.

"Por que não consigo dormir como todo mundo?" Lucas pensava, frustrado. Ele sabia que precisava descansar, mas simplesmente não conseguia.

Certa noite, enquanto olhava pela janela, viu algo se mover nas árvores. Ao focar melhor, percebeu que era uma coruja grande e majestosa, com olhos brilhantes e penas macias. Ela pousou no parapeito da janela e olhou diretamente para Lucas.

"Não consegue dormir, menino?" perguntou a coruja com uma voz suave, mas profunda.

Lucas, surpreso, assentiu. "Eu tento, mas minha cabeça está cheia de pensamentos. Não consigo desligar."

A coruja deu um sorriso sábio e disse: "Eu sou a Coruja dos Sonhos. Venho ajudar aqueles que têm dificuldade em descansar. Venha comigo, e vou te mostrar algo que pode ajudá-lo a encontrar o sono."

Curioso, Lucas levantou-se da cama e, num piscar de olhos, a coruja o levou para fora da janela, voando alto pelo céu noturno. As estrelas brilhavam ao redor deles, e a lua iluminava o caminho.

"Para onde estamos indo?" Lucas perguntou, segurando firme nas asas da coruja.

"Através dos seus sonhos", respondeu a coruja. "Você aprenderá que o sono não é apenas para descansar, mas também para crescer e entender o mundo."

A primeira parada foi em um campo de flores brilhantes, onde tudo parecia calmo e tranquilo. "Veja", disse a coruja, "o sono é como um jardim. Ele precisa ser cuidado, regado com paciência e atenção. Sem sono, você não pode florescer como essas flores."

Lucas observou as flores balançando suavemente ao vento e sentiu uma calma interior que nunca tinha experimentado antes.

Em seguida, a coruja o levou a um grande rio que corria sereno sob a luz das estrelas. "O sono é como a correnteza deste rio", explicou a coruja. "Ele te leva para lugares que você nunca poderia ir sozinho, permitindo que sua mente descanse e se renove."

Lucas escutou o som da água fluindo e, pela primeira vez em muito tempo, sentiu seus pensamentos desacelerarem.

Finalmente, a coruja o levou ao topo de uma montanha, onde podiam ver o horizonte inteiro. "O sono também é a chave para a sabedoria", disse a coruja. "É quando você sonha que suas ideias e experiências se conectam, e você se torna mais forte e mais sábio."

Lucas olhou para o vasto horizonte e, naquele momento, entendeu. O sono não era algo que ele deveria temer ou evitar, mas algo que o ajudaria a crescer, a se tornar mais forte e mais inteligente.

Quando voltou para sua cama, Lucas se sentiu diferente. Sua mente estava tranquila, e ele finalmente se sentiu pronto para dormir. Fechou os olhos e, com um sorriso no rosto, adormeceu profundamente.

The Boy Who Couldn't Sleep

There was a boy named Lucas who, no matter how hard he tried, couldn't sleep at night. He would lie in bed, staring at the ceiling with wide-open eyes. He could hear the wind blowing outside and the sound of leaves rustling in the trees, but sleep never came. He felt tired, but his mind seemed always awake, full of thoughts that wouldn't stop.

"Why can't I sleep like everyone else?" Lucas thought, frustrated. He knew he needed to rest, but he just couldn't.

One night, as he gazed out the window, he saw something move in the trees. Focusing better, he realized it was a large, majestic owl, with bright eyes and soft feathers. It landed on the windowsill and looked directly at Lucas.

"Can't sleep, boy?" asked the owl, its voice soft but deep.

Lucas, surprised, nodded. "I try, but my head is full of thoughts. I can't turn them off."

The owl gave a wise smile and said, "I am the Dream Owl. I come to help those who struggle to rest. Come with me, and I will show you something that might help you find sleep."

Curious, Lucas got out of bed, and in the blink of an eye, the owl took him out of the window, soaring high into the night sky. The stars sparkled around them, and the moon lit their way.

"Where are we going?" Lucas asked, holding tightly to the owl's wings.

"Through your dreams," the owl replied. "You will learn that sleep is not just for rest but also for growth and understanding."

The first stop was in a field of glowing flowers, where everything seemed calm and peaceful. "Look," said the owl, "sleep is like a garden. It needs to be tended, watered with patience and care. Without sleep, you cannot bloom like these flowers."

Lucas watched the flowers swaying gently in the breeze and felt an inner calm he had never experienced before.

Next, the owl took him to a great river that flowed serenely under the starlight. "Sleep is like the current of this river," the owl explained. "It takes you to places you could never go on your own, allowing your mind to rest and renew."

Lucas listened to the sound of the flowing water, and for the first time in a long while, he felt his thoughts slow down.

Finally, the owl brought him to the top of a mountain, where they could see the entire horizon. "Sleep is also the key to wisdom," said the owl. "It is when you dream that your ideas and experiences connect, and you become stronger and smarter."

Lucas looked out at the vast horizon and, in that moment, he understood. Sleep wasn't something to fear or avoid but something that would help him grow, become stronger, and smarter.

When he returned to his bed, Lucas felt different. His mind was at peace, and he finally felt ready to sleep. He closed his eyes, and with a smile on his face, drifted into a deep, peaceful sleep.

25

A Dança do Dragão

Era uma vez um dragão chamado Drago que vivia no topo de uma montanha perto de um pequeno vilarejo. Ao contrário dos outros dragões, Drago não gostava de soltar fogo o tempo todo. Ele tinha uma paixão secreta: adorava dançar. Quando ninguém estava olhando, ele balançava seu grande corpo ao ritmo da música do vento e imaginava os aplausos de uma plateia encantada.

Mas havia um problema: no reino, todos acreditavam que dragões só deviam soltar fogo e proteger castelos. Ninguém jamais imaginou um dragão dançando. Os outros dragões riam de Drago quando o viam ensaiando seus passos escondido.

"Cuidado para não tropeçar com essas patas enormes!" zombavam.

Um dia, enquanto Drago ensaiava uma nova dança, uma jovem chamada Sofia, do vilarejo, o avistou. Ela estava passeando pela floresta e ouviu o som das pedras se movendo ao ritmo da dança do dragão. Curiosa, subiu mais alto até encontrar Drago, que estava totalmente envolvido em sua dança.

"Você está... dançando?" perguntou Sofia, com os olhos brilhando de surpresa.

Drago parou imediatamente, envergonhado. "Sim... Mas ninguém acha que dragões devem dançar. Eles só esperam que eu solte fogo."

Sofia sorriu. "Eu acho que sua dança é incrível! Você deveria mostrar isso a todos na vila. Estamos organizando o festival anual, e seria maravilhoso se você pudesse se apresentar."

Drago balançou a cabeça. "Não, eles nunca aceitariam um dragão dançarino. As pessoas esperam ver monstros ferozes, não dançarinos."

Mas Sofia era persistente. "Se você ama dançar, deve mostrar isso ao mundo! Eu prometo que eles vão adorar."

Convencido pela paixão de Sofia, Drago finalmente concordou em se apresentar no festival. Durante semanas, ele ensaiou secretamente com Sofia, praticando uma dança especial, cheia de movimentos elegantes e, claro, um pouco de fogo para dar aquele toque mágico.

Quando o dia do festival chegou, todos no vilarejo estavam ansiosos para ver o grande evento. A praça estava decorada com flores e luzes, e os habitantes aguardavam a atração principal, sem saber que seria um dragão.

De repente, a música começou e Drago apareceu no palco. As pessoas ficaram assustadas no início, esperando que o dragão começasse a soltar fogo descontroladamente. Mas, para a surpresa de todos, Drago começou a dançar. Ele girava e saltava, suas grandes asas se moviam com graça, e de vez em quando ele soltava pequenas chamas que iluminavam o ar.

O ponto alto da apresentação foi quando Drago fez um flamenco espetacular, batendo suas enormes patas no chão e soltando faíscas de fogo em perfeita sincronia com a música. As pessoas assistiam com os olhos arregalados e, quando a dança terminou, explodiram em aplausos.

"Bravo! Bravo!" gritavam todos.

Drago ficou tão emocionado que quase soltou uma enorme rajada de fogo, mas, em vez disso, fez uma reverência graciosa. Sofia correu para o palco e abraçou seu amigo dragão.

"Eu sabia que eles iam adorar!" ela disse.

A partir daquele dia, Drago se tornou a atração principal do festival da vila todos os anos. E não só isso, ele inspirou outros dragões a perseguirem seus próprios sonhos, mostrando que não importa o que os outros esperam de você, o importante é seguir o que está em seu coração.

The Dragon's Dance

Once upon a time, there was a dragon named Drago who lived on top of a mountain near a small village. Unlike other dragons, Drago didn"t enjoy breathing fire all the time. He had a secret passion: he loved to dance. When no one was looking, he would sway his large body to the rhythm of the wind's music, imagining the applause of a captivated audience.

But there was a problem: in the kingdom, everyone believed that dragons were only supposed to breathe fire and guard castles. No one had ever imagined a dancing dragon. The other dragons laughed at Drago whenever they caught him practicing his steps in secret.

"Careful not to trip with those big feet!" they teased.

One day, as Drago was practicing a new dance, a young girl named Sofia from the village spotted him. She had been wandering through the forest and heard the sound of rocks moving to the rhythm of the dragon's dance. Curious, she climbed higher until she found Drago, fully absorbed in his dancing.

"Are you... dancing?" Sofia asked, her eyes wide with surprise.

Drago stopped immediately, embarrassed. "Yes... But no one thinks dragons should dance. They only expect me to breathe fire."

Sofia smiled. "I think your dancing is amazing! You should show it to everyone in the village. We're having the annual festival, and it would be wonderful if you performed."

Drago shook his head. "No, they would never accept a dancing dragon. People expect to see fierce monsters, not dancers."

But Sofia was persistent. "If you love to dance, you should share it with the world! I promise they will love it."

Convinced by Sofia's enthusiasm, Drago finally agreed to perform at the festival. For weeks, he secretly practiced with Sofia, perfecting a special dance full of elegant movements and, of course, a little fire to add that magical touch.

When the day of the festival arrived, everyone in the village was excited for the big event. The square was decorated with flowers and lights, and the villagers eagerly awaited the main attraction, unaware that it would be a dragon.

Suddenly, the music began, and Drago appeared on the stage. The people were startled at first, expecting the dragon to start breathing fire wildly. But to everyone's surprise, Drago began to dance. He twirled and leaped, his large wings moving gracefully, and every so often, he released small bursts of fire that lit up the air.

The highlight of the performance was when Drago performed a spectacular flamenco, stomping his huge feet on the ground and releasing sparks of fire in perfect harmony with the music. The people watched with wide eyes, and when the dance ended, they burst into applause.

"Bravo! Bravo!" they cheered.

Drago was so touched he almost let out a huge blast of fire, but instead, he made a graceful bow. Sofia ran to the stage and hugged her dragon friend.

"I knew they would love it!" she said.

From that day on, Drago became the main attraction at the village festival every year. And not only that, he inspired other dragons to follow their own dreams, showing that it doesn't matter what others expect of you; what matters is following what's in your heart.

O Tigre Sem Dentes

No zoológico da cidade, havia um tigre chamado Trovão. Ele era famoso por seu rugido assustador, que fazia os visitantes tremerem e até os outros animais se encolherem de medo. Trovão era o orgulho do zoológico, e todos vinham para ouvir seu rugido estrondoso.

"Uau, que rugido poderoso!" diziam as pessoas. "Esse tigre é realmente feroz!"

Mas, com o passar do tempo, algo estranho aconteceu. Um dia, ao morder um grande pedaço de carne, Trovão sentiu uma dor aguda. Ele correu para o canto de sua jaula e, quando olhou no espelho, viu algo que o deixou horrorizado. Seus dentes, que sempre foram afiados e fortes, estavam caindo!

"Meus dentes! O que está acontecendo?" ele rugiu, mas dessa vez seu rugido soou mais fraco, sem a potência de antes.

No dia seguinte, quando os visitantes vieram ao zoológico, Trovão tentou rugir como sempre fazia. Ele abriu a boca, mas, sem os dentes, seu rugido saiu como um som engraçado, quase como um miado de gatinho.

As pessoas começaram a rir. "Olha, o tigre sem dentes! Ele não é mais assustador!" riam os visitantes, apontando e zombando de Trovão.

Os outros animais no zoológico também riram. "Sem dentes, você não é mais o rei da selva!" brincou o leão.

Trovão ficou arrasado. Ele se escondeu em sua jaula, envergonhado e triste. "Sem meus dentes, não sou nada", pensou ele.

Foi então que uma pequena garota chamada Sofia, que visitava o zoológico todos os dias, notou que algo estava errado com o tigre. Ela sempre gostou de Trovão e, ao vê-lo tão triste, decidiu fazer algo a respeito.

"Por que você está tão triste, Trovão?" ela perguntou.

"Perdi todos os meus dentes", ele respondeu com a voz baixa. "Agora ninguém me respeita. Meu rugido não é mais assustador."

Sofia olhou para ele com simpatia. "Mas Trovão, você não precisa de dentes afiados para ser forte ou corajoso. A verdadeira força vem de dentro, não de fora."

Trovão suspirou. "Mas sem meu rugido assustador, como posso ser um tigre feroz?"

Sofia sorriu. "Há mais de um jeito de ser feroz. E eu vou te ajudar a descobrir isso."

Com o tempo, Sofia começou a visitar Trovão todos os dias e o incentivava a ser mais confiante. Ela trouxe brinquedos novos para ele brincar e mostrou como ele podia usar sua inteligência para se destacar. Trovão começou a perceber que, mesmo sem seus dentes, ele ainda era forte de outras maneiras.

Um dia, enquanto um grupo de crianças visitava o zoológico, um grande elefante escapou de sua jaula, causando pânico. Todos os animais ficaram assustados e as pessoas começaram a correr. Mas Trovão, ao ver o caos, lembrou-se das palavras de Sofia. Ele não precisava de dentes para ser corajoso.

Trovão correu em direção ao elefante e, com um rugido poderoso, embora sem dentes, ele conseguiu chamar a atenção do elefante. O grande animal parou, olhou para Trovão e, surpreendentemente, recuou para sua jaula.

Todos os visitantes aplaudiram, admirados pela coragem de Trovão.

"Viu?" disse Sofia, sorrindo para o tigre. "Você é corajoso de verdade, com ou sem dentes."

A partir daquele dia, Trovão tornou-se famoso não apenas por seu rugido, mas por sua coragem e inteligência. Ele descobriu que a verdadeira força não está nos dentes, mas no coração.

The Toothless Tiger

At the city zoo, there was a tiger named Thunder. He was famous for his frightening roar, which made visitors tremble and even caused other animals to cower in fear. Thunder was the pride of the zoo, and everyone came to hear his powerful roar.

"Wow, what a mighty roar!" people would say. "That tiger is truly fierce!"

But as time went on, something strange happened. One day, while biting into a large piece of meat, Thunder felt a sharp pain. He rushed to the corner of his cage, and when he looked in the mirror, he saw something that horrified him. His teeth, which had always been sharp and strong, were falling out!

"My teeth! What's happening?" he roared, but this time, his roar sounded weaker, lacking its usual force.

The next day, when visitors came to the zoo, Thunder tried to roar like he always did. He opened his mouth, but without teeth, his roar came out as a funny sound, almost like a kitten's meow.

People began to laugh. "Look, the toothless tiger! He's not scary anymore!" they giggled, pointing and mocking Thunder.

The other animals at the zoo laughed too. "Without teeth, you're not the king of the jungle anymore!" teased the lion.

Thunder was devastated. He hid in his cage, ashamed and sad. "Without my teeth, I'm nothing," he thought.

That's when a little girl named Sofia, who visited the zoo every day, noticed something was wrong with the tiger. She had always liked Thunder, and seeing him so sad, she decided to do something about it.

"Why are you so sad, Thunder?" she asked.

"I lost all my teeth," he replied in a low voice. "Now no one respects me. My roar isn't scary anymore."

Sofia looked at him kindly. "But Thunder, you don't need sharp teeth to be strong or brave. True strength comes from within, not just from the outside."

Thunder sighed. "But without my scary roar, how can I be a fierce tiger?"

Sofia smiled. "There's more than one way to be fierce. And I'll help you figure that out."

Over time, Sofia began visiting Thunder every day and encouraged him to be more confident. She brought him new toys to play with and showed him how he could use his intelligence to stand out. Thunder started to realize that even without his teeth, he was still strong in other ways.

One day, while a group of children was visiting the zoo, a large elephant escaped from its cage, causing panic. All the animals were scared, and people started running. But Thunder, seeing the chaos, remembered Sofia's words. He didn't need teeth to be brave.

Thunder ran toward the elephant and, with a powerful roar—though toothless—he managed to grab the elephant's attention. The large animal stopped, looked at Thunder, and surprisingly, backed away into its cage.

All the visitors applauded, amazed by Thunder's bravery.

"See?" said Sofia, smiling at the tiger. "You're truly brave, with or without teeth."

From that day on, Thunder became famous not just for his roar, but for his courage and cleverness. He discovered that real strength doesn't come from teeth, but from the heart.

O Pincel Falante

Era uma vez uma menina chamada Clara, que adorava explorar o sótão de sua casa. Um dia, enquanto procurava por tesouros escondidos entre as caixas empoeiradas, Clara encontrou um velho pincel coberto de poeira. Curiosa, ela limpou o pincel e, para sua surpresa, ele começou a falar!

"Olá, Clara!" disse o pincel com uma voz suave e alegre. "Eu sou o Pincel Falante e tenho poderes mágicos. Posso trazer qualquer desenho que você fizer à vida!"

Clara mal podia acreditar no que estava ouvindo. Ela rapidamente pegou um pedaço de papel e começou a desenhar uma linda flor. Assim que terminou, a flor saltou do papel, dançando e girando pelo sótão!

"Uau!" exclamou Clara, maravilhada. "Isso é incrível!"

Animada, Clara passou o dia desenhando tudo o que podia imaginar. Ela pintou um sol brilhante que iluminou o ambiente, pássaros que cantavam alegremente e até mesmo um pequeno cachorro que pulou do papel e começou a brincar com ela. O Pincel Falante trouxe alegria e cor à vida de Clara.

Mas, um dia, enquanto Clara estava ocupada criando, seu irmão travesso, Miguel, entrou no sótão. Ao ver o pincel mágico, ele rapidamente o pegou de Clara.

"Deixe-me ver o que eu consigo fazer!" disse Miguel, sorrindo travessamente.

Miguel começou a desenhar coisas bobas: um peixe de sapato, um gato dançarino e um gigantesco sorvete que flutuava. Para a surpresa dele, cada desenho ganhava vida instantaneamente! O peixe começou a nadar pelo ar, o gato começou a dançar e o sorvete começou a derreter, espalhando um rastro pegajoso por toda parte.

"Miguel!" gritou Clara, tentando recuperar o pincel. "O que você fez? Você precisa parar!"

Mas Miguel só ria, divertindo-se com a confusão que estava causando. O gato dançarino começou a pular pela casa, enquanto o peixe flutuava em círculos, e o sorvete derretido escorregava para o chão.

Clara sabia que precisava agir rápido para resolver a bagunça. Ela pegou outro pedaço de papel e começou a desenhar um grande balde e uma rede. Com o Pincel Falante ao seu lado, Clara trabalhou rápido, e logo o balde apareceu, capturando o gato dançarino, enquanto a rede pegava o peixe flutuante.

"Agora, precisamos colocar tudo de volta no papel!" Clara disse, e com um toque do pincel, os desenhos foram puxados para o papel, onde podiam ficar seguros.

Finalmente, Clara pegou o pincel de volta e disse a Miguel:

"O Pincel Falante é especial e precisamos usá-lo com responsabilidade. Vamos criar algo maravilhoso juntos!"

Miguel sorriu e, juntos, eles começaram a desenhar um grande arco-íris que subia pelo céu, cheio de criaturas fantásticas dançando ao seu redor. Desta vez, eles usaram a magia do pincel para espalhar alegria, em vez de confusão.

E assim, Clara e Miguel aprenderam a importância de criar juntos e a responsabilidade que vem com a magia.

The Talking Paintbrush

Once upon a time, there was a girl named Clara who loved to explore her attic. One day, while searching for hidden treasures among the dusty boxes, Clara found an old, dusty paintbrush. Curious, she cleaned the brush and, to her surprise, it began to talk!

"Hello, Clara!" said the paintbrush in a soft and cheerful voice. "I am the Talking Paintbrush, and I have magical powers. I can bring any picture you draw to life!"

Clara could hardly believe what she was hearing. She quickly grabbed a piece of paper and began to draw a beautiful flower. As soon as she finished, the flower sprang off the paper, dancing and twirling around the attic!

"Wow!" exclaimed Clara, amazed. "This is incredible!"

Excited, Clara spent the day drawing everything she could imagine. She painted a bright sun that lit up the room, birds singing cheerfully, and even a small dog that jumped off the paper and began to play with her. The Talking Paintbrush brought joy and color to Clara's life.

But one day, while Clara was busy creating, her mischievous brother, Miguel, entered the attic. Upon seeing the magical brush, he quickly snatched it from Clara.

"Let me see what I can do!" said Miguel, grinning mischievously.

Miguel began to draw silly things: a fish wearing shoes, a dancing cat, and a gigantic ice cream cone floating in the air. To his surprise, each drawing came to life instantly! The fish started swimming through the air, the cat began to dance, and the melting ice cream spread a sticky trail everywhere.

"Miguel!" shouted Clara, trying to retrieve the brush. "What have you done? You need to stop!"

But Miguel just laughed, having fun with the chaos he was causing. The dancing cat began hopping around the house, while the fish floated in circles, and the melted ice cream dripped onto the floor.

Clara knew she needed to act quickly to fix the mess. She grabbed another piece of paper and started to draw a large bucket and a net. With the Talking Paintbrush by her side, Clara worked fast, and soon the bucket appeared, capturing the dancing cat, while the net caught the floating fish.

"Now, we need to put everything back on the paper!" Clara said, and with a touch of the brush, the drawings were pulled back onto the paper, where they could be safe.

Finally, Clara took the brush back and said to Miguel:

"The Talking Paintbrush is special, and we need to use it responsibly. Let's create something wonderful together!"

Miguel smiled, and together they began to draw a big rainbow stretching across the sky, filled with fantastic creatures dancing around it. This time, they used the magic of the brush to spread joy instead of confusion.

And so, Clara and Miguel learned the importance of creating together and the responsibility that comes with magic.

49

O Jardim das Gargalhadas

Era uma vez uma menina chamada Maria, que adorava explorar sua pequena cidade. Um dia, enquanto caminhava por um caminho que nunca tinha visto antes, ela se deparou com um portão enferrujado coberto de trepadeiras. Curiosa, Maria empurrou o portão e entrou em um jardim secreto que parecia mágico.

Assim que Maria entrou, algo incrível aconteceu. Cada flor e planta no jardim começou a rir! As margaridas riam de maneira delicada, enquanto as rosas soltavam gargalhadas altas. Surpresa, Maria se aproximou de uma flor azul e perguntou:

"O que está acontecendo aqui?"

" Sempre que alguém conta uma piada, nós rimos!" respondeu a flor, piscando para ela. "Quanto mais criativa a piada, mais alto rimos!"

Maria ficou animada com a ideia. Ela começou a contar piadas que conhecia, e cada uma delas fazia as plantas rirem ainda mais. As flores riam tanto que algumas até começaram a balançar suas pétalas como se estivessem dançando.

Depois de um tempo, Maria percebeu que o jardim guardava um mistério. Quem teria plantado todas essas flores engraçadas? E por que elas riam tanto? Ela decidiu que precisava descobrir.

Maria chamou sua melhor amiga, Ana, e contou a ela sobre o jardim mágico. Juntas, as meninas começaram a explorar. Elas procuraram pistas e conversaram com as plantas, que sempre tinham uma piada pronta.

"Precisamos de uma pista!" disse Ana, enquanto as flores riam de uma piada sobre um pato e um limão. "Vamos perguntar ao grande girassol ali! Ele parece saber de tudo."

O girassol, que era o maior de todos, olhou para as meninas e disse:

"Eu sei quem plantou este jardim! Mas primeiro, vocês precisam me fazer rir!"

Maria e Ana se entreolharam, pensando em piadas ainda mais engraçadas. Elas contaram piadas sobre macacos, sapos e até sobre um elefante que queria aprender a dançar. Finalmente, o girassol soltou uma gargalhada tão alta que as folhas ao redor tremeram.

"Muito bem!" disse o girassol, ainda rindo. "O jardim foi plantado por um artista que amava a alegria e queria espalhar risos por toda a cidade. Ele acreditava que o riso traz felicidade e amizade."

Maria e Ana ficaram encantadas com a história e decidiram que precisavam fazer algo para honrar o artista. Elas tiveram uma ideia: organizar um festival de piadas no jardim, onde todos da cidade poderiam vir e compartilhar suas melhores piadas.

No dia do festival, o jardim estava cheio de risos e alegria. As plantas riam mais alto do que nunca, e todos que iam ao jardim saíam com sorrisos no rosto. Maria e Ana perceberam que, embora o jardim fosse um lugar mágico, a verdadeira magia estava no poder do riso e da amizade.

E assim, o Jardim das Gargalhadas se tornou um lugar especial na cidade, onde as pessoas se reuniam para compartilhar risadas e se divertir, sempre lembrando do artista que havia plantado as sementes da alegria.

The Garden of Laughter

O nce upon a time, there was a girl named Maria who loved to explore her little town. One day, while walking down a path she had never seen before, she stumbled upon a rusty gate covered in vines. Curious, Maria pushed the gate open and stepped into a secret garden that seemed magical.

As soon as Maria entered, something incredible happened. Every flower and plant in the garden began to laugh! The daisies giggled delicately, while the roses burst into loud laughter. Surprised, Maria approached a blue flower and asked:

"What's happening here?"

"Whenever someone tells a joke, we laugh!" replied the flower, winking at her. "The more creative the joke, the louder we laugh!"

Maria was excited by the idea. She started telling jokes she knew, and each one made the plants laugh even more. The flowers laughed so much that some even began to sway their petals as if they were dancing.

After a while, Maria realized the garden held a mystery. Who had planted all these funny flowers? And why did they laugh so much? She decided she needed to find out.

Maria called her best friend, Ana, and told her about the magical garden. Together, the girls began to explore. They searched for clues and talked to the plants, which always had a joke ready.

"We need a clue!" said Ana, as the flowers laughed at a joke about a duck and a lemon. "Let's ask that big sunflower over there! He seems to know everything."

The sunflower, the tallest of them all, looked at the girls and said:

"I know who planted this garden! But first, you need to make me laugh!"

Maria and Ana looked at each other, thinking of even funnier jokes. They told jokes about monkeys, frogs, and even about an elephant who wanted to learn to dance. Finally, the sunflower let out such a loud laugh that the leaves around it shook.

"Very well!" said the sunflower, still laughing. "The garden was planted by an artist who loved joy and wanted to spread laughter throughout the town. He believed that laughter brings happiness and friendship."

Maria and Ana were enchanted by the story and decided they needed to do something to honor the artist. They had an idea: to organize a joke festival in the garden, where everyone in the town could come and share their best jokes.

On the day of the festival, the garden was filled with laughter and joy. The plants laughed louder than ever, and everyone who visited the garden left with smiles on their faces. Maria and Ana realized that, although the garden was a magical place, the true magic lay in the power of laughter and friendship.

And so, the Garden of Laughter became a special place in the town, where people gathered to share giggles and have fun, always remembering the artist who had planted the seeds of joy.

57

O Segredo do Faroleiro

Era uma vez um faroleiro solitário que vivia em um farol isolado na costa. Seu nome era Senhor Roberto, e ele passava os dias cuidando da luz do farol e observando o mar. O farol era um lugar solene, mas muitas vezes solitário, até que um dia um menino curioso chamado Pedro apareceu.

Pedro estava sempre explorando a praia e sonhando com aventuras. Um dia, ele decidiu se aproximar do farol, e logo se tornou amigo do Senhor Roberto. O faroleiro ficou feliz em ter companhia, e os dois passaram horas conversando sobre estrelas, tempestades e criaturas do mar.

Certa noite, enquanto uma tempestade se aproximava, Pedro decidiu visitar o farol. Ele queria ver como o Senhor Roberto se preparava para o mau tempo. Quando chegou, encontrou o faroleiro acendendo a luz do farol, mas logo percebeu que algo estava diferente.

"Senhor Roberto, o que está acontecendo?" perguntou Pedro, preocupado.

"Ah, meu jovem amigo" respondeu o faroleiro com um sorriso triste. "O farol não é apenas para guiar os navios. Ele também protege uma criatura antiga que vive nas profundezas do mar."

Pedro arregalou os olhos, curioso e intrigado.

"Uma criatura do mar? Que tipo de criatura?" indagou ele.

O Senhor Roberto levou Pedro até uma janela do farol e apontou para as ondas agitadas.

"Há muitos anos, eu descobri um ser mágico que vive abaixo das ondas. Ele é um guardião do mar, mas alguns querem prejudicá-lo. Meu dever é protegê-lo, e a luz do farol mantém os perigos afastados."

Pedro sentiu um misto de assombro e responsabilidade. Ele queria ajudar o faroleiro a proteger a criatura. Juntos, eles decidiram que precisavam fazer algo especial para garantir a segurança do guardião do mar.

Naquela noite, quando a tempestade rugiu com força, Pedro e o Senhor Roberto trabalharam juntos. Eles usaram a luz do farol para iluminar as águas e afastar os barcos que se aproximavam, protegendo a criatura. Enquanto a tempestade passava, o menino viu uma sombra gigantesca nadando nas profundezas. Ele sentiu que a criatura estava agradecendo.

"Precisamos contar a mais pessoas sobre a criatura" disse Pedro. "Eles devem saber que devemos cuidar dela!"

O Senhor Roberto concordou. No dia seguinte, eles reuniram os pescadores e moradores da cidade, contando sobre a criatura e o papel vital que ela desempenhava no equilíbrio do mar. As pessoas ficaram tocadas pela história e prometeram proteger o ser mágico.

Com o tempo, o faroleiro e Pedro se tornaram heróis locais. A amizade deles e o segredo do faroleiro fortaleceram a comunidade, e todos aprenderam a importância de cuidar do mar e de suas criaturas. O farol, que antes era um símbolo de solidão, agora brilhava com a luz da amizade e da proteção.

E assim, o Senhor Roberto e Pedro continuaram a cuidar do farol, sempre prontos para proteger o segredo do mar.

The Lighthouse Keeper's Secret

Once upon a time, there was a lonely lighthouse keeper who lived in an isolated lighthouse on the coast. His name was Mr. Roberto, and he spent his days tending to the lighthouse's light and watching the sea. The lighthouse was a solemn place, but often lonely, until one day a curious young boy named Pedro appeared.

Pedro was always exploring the beach and dreaming of adventures. One day, he decided to approach the lighthouse, and soon he became friends with Mr. Roberto. The lighthouse keeper was happy to have company, and the two spent hours talking about stars, storms, and sea creatures.

One stormy night, Pedro decided to visit the lighthouse. He wanted to see how Mr. Roberto prepared for the bad weather. When he arrived, he found the keeper lighting the lamp, but soon noticed something was different.

"Mr. Roberto, what's happening?" Pedro asked, worried.

"Oh, my young friend," replied the keeper with a sad smile. "The lighthouse is not just for guiding ships. It also protects an ancient creature that lives in the depths of the sea."

Pedro's eyes widened, curious and intrigued.

"A sea creature? What kind of creature?" he inquired.

Mr. Roberto led Pedro to a window of the lighthouse and pointed to the churning waves.

"Many years ago, I discovered a magical being that lives beneath the waves. It is a guardian of the sea, but some wish to harm it. My duty is to protect it, and the light of the lighthouse keeps dangers away."

Pedro felt a mix of awe and responsibility. He wanted to help the lighthouse keeper protect the creature. Together, they decided they needed to do something special to ensure the safety of the sea guardian.

That night, as the storm roared fiercely, Pedro and Mr. Roberto worked together. They used the light of the lighthouse to illuminate the waters and steer away approaching boats, protecting the creature. As the storm passed, the boy saw a giant shadow swimming in the depths. He felt that the creature was grateful.

"We need to tell more people about the creature," Pedro said. "They must know that we need to take care of it!"

Mr. Roberto agreed. The next day, they gathered the fishermen and townsfolk, sharing the story of the creature and the vital role it played in the balance of the sea. The people were touched by the tale and promised to protect the magical being.

Over time, the lighthouse keeper and Pedro became local heroes. Their friendship and the lighthouse keeper's secret strengthened the community, and everyone learned the importance of caring for the sea and its creatures. The lighthouse, which once symbolized solitude, now shone with the light of friendship and protection.

And so, Mr. Roberto and Pedro continued to care for the lighthouse, always ready to protect the secret of the sea.